AF399329

WALTER VANDEPERRE

Brand in Zuiderstad

© 2022 novum publishing

ISBN 978-3-99131-292-5
Geredigeerd door: Ine van Gerwe
Omslagfoto: Marleen D'hondt
Ontwerp omslag, lay-out & typografie:
novum publishing

www.novumpublishing.nl

*Met de medewerking van
redacteur Reinoud Pino
van Story Terrace*

In geval van renovatie (inclusief sloop) hebben de huurders op grond van artikel 7:220 lid 1 juncto lid 5 en lid 6 BW recht op een bij ministeriële regeling vastgestelde minimumbijdrage in de verhuis- en inrichtingskosten. Deze bedraagt op dit moment 6095 euro (Zie Overheid.nl onder Regeling minimumbijdrage verhuis- en inrichtingskosten bij renovatie).

Inhoudsopgave

Hoofdstuk 1

De brand

Telefoon

De decemberzon scheen in het rustige Nederlandse Zuiderstad die zondagnamiddag. Op het dorpsplein rustten de fietsers onder de lindebomen. De terrassen van café Het Stadhuis zaten vol.

Rob belde ons: "Het huis staat in brand." Verbouwereerd vroeg mijn vrouw: "Welk huis?" Waarop Rob antwoordde: "Dat van jullie!" Mijn vrouw sprong in de auto en reed naar de woning die wij verhuren. De schrik sloeg haar om het hart, omdat veel van de binnenmuren en een deel van de buitenmuren uit hout bestonden.

De straat was versperd door de brandweer; die was net klaar met blussen toen mijn vrouw aankwam. Stichting Salvage was ter plaatse. Die regelt de eerste hulp voor iedereen die getroffen is door brand, water- of stormschade. De verslaggever van de lokale krant maakte foto's, schreef een bericht en zette dit alles online.

De kachel

12

Toen ik 's avonds thuiskwam, lag er een briefje van mijn vrouw op tafel. Ik wachtte.

Mijn vrouw was bij thuiskomst verbazingwekkend rustig en vertelde mij wat er was gebeurd. In de serre van Jan en Mia stond een allesbrander, een kachel die met bijna alles gestookt kan worden. De metalen schoorsteen van deze kachel ging door het plafond van de woonkamer en zolder en stak uit tot boven het pannendak van de bungalow. De houten gebinten in de buurt van de schoorsteen hadden vuur gevat.

Grote brand

De schade bleef beperkt. Het had veel erger kunnen zijn. Na aankomst van de brandweer werd de situatie opgeschaald naar middelbrand en kort daarna naar grote brand. Drie blusploegen en een hoogtewerker kwamen eraan te pas om het vuur te doven.

Wij vonden het spijtig dat de huurders, Jan en Mia, ons niet van de brand op de hoogte hadden gebracht. Waarom sprak Mia ter plaatse ook niet met mijn vrouw? Jan was gaan wandelen met zijn hond. Wat had hem in die mate van zijn melk gebracht?

De schade-expert

De volgende dag bracht ik de verzekering per e-mail op de hoogte. Hun schade-expert organiseerde een bijeenkomst op woensdagochtend 10 uur voor alle betrokkenen.

Op woensdag had de opruimingsfirma het grootste deel van de inboedel al overgebracht naar hun loods. Zij maakten het beschadigde plafond en dak klaar om reparaties te laten uitvoeren. De expert had een zeil laten aanbrengen om het gat in het dak voorlopig te dichten.

In de woning waren zes kledingrekken op rolletjes met bovenaan een buis van twee meter. Die hingen vol met kleding die Mia maakte en verkocht. Waar bevond dit zich allemaal in normale omstandigheden?

De garage

15

Jan was woensdag niet aanwezig. Mia leidde de schade-expert en mij rond. De binnendeur naar de garage was op slot en Mia weigerde die te openen, omdat daar het advocatenarchief met vertrouwelijke informatie aanwezig zou zijn en er helemaal geen schade zou zijn. Zij antwoordde met "neen" toen de schade-expert vroeg of er misschien schade was door de rook of de geur. Waarom deed zij de deur niet gewoon open?

Mijn grootste schrik was dat er mogelijk asbest zat in de platen van het dakbeschot. De expert zou dit laten onderzoeken door een laboratorium.

Buiten

De contra-expert van de huurders was ook ter plaatse. Een contra-expert wordt ingeschakeld om de belangen van huurders of verhuurders te verdedigen, wanneer zij vinden dat de expert hun belangen onvoldoende behartigt. Waarom had Mia toen al een contra-expert ter plaatse? Die verbood mij na de rondleiding de toegang tot de woning en de tuin. Hij beweerde dat als ik zijn verbod zou overtreden, dat dan als huisvredebreuk zou gelden. Ik heb daar zes uur op straat gewacht.

Vanop straat zag ik takken van de bomen over het dak hangen. Wat een geluk dat die bomen niet in brand zijn gegaan. Andere takken kwamen tegen de houten schutting. Die had de brand kunnen verspreiden tot bij de buren.

De vaststellingen

De brandweerman zei goeiedag, toen hij materiaal uit de bestelwagen haalde. Hij was daar om na te gaan of de brandweer iets zou kunnen leren naar aanleiding van deze brand.

De brandonderzoeker van de firma Tak had zijn auto naast mijn auto geparkeerd. Na vijf uur vaststellingen deelde hij mij mee, dat het pyrofoor worden van het houten dakgebinte de brand had veroorzaakt.

Om 16 uur had iedereen de plek verlaten. Jan was nog steeds niet komen opdagen. Hij was in Limburg een woning gaan bezichtigen die hij en Mia zouden kunnen huren. Hij had immers eind november medegedeeld dat zij zouden verhuizen en had mij daarvoor gevraagd om hem een verhuurdersverklaring te bezorgen. Ik had dat document met plezier ingevuld en bezorgd, omdat de verstandhouding met Jan en Mia steeds zeer goed was geweest.

Mijn contra-expert

Op zaterdag gaf ik een bureau de opdracht om ook voor mij een contra-expert aan te stellen. Het was mij niet duidelijk wat die voor mij zou kunnen betekenen, maar als Jan en Mia een contra-expert hadden, dan wilde ik er ook één. Jan was tenslotte advocaat en was thuis in deze materie.

Als een expert en een contra-expert niet tot overeenstemming komen, wordt een derde expert ingeschakeld. Dit wordt ook arbitrage genoemd. Mijn contra-expert liet mij hiervoor onverwachts een akte van benoeming ondertekenen. De uitspraak van de arbitrage is bindend. Arbitrage komt zelden voor.

Een contra-expert heeft in zijn beroepsleven meer contact met een expert dan met jou. Bovendien moet hij tot een overeenkomst komen met de expert.

Het dakbeschot

De woning werd gebouwd in 1992. Op platen zonder asbest staat een stempel 'NT', wat duidt op 'New Technology'. Jan en ik hadden enkele maanden eerder nergens op de platen van het dakbeschot 'NT' gezien. Op basis van het bouwjaar zou dit er evenwel niet in mogen zitten volgens de expert.

Mijn opluchting was groot toen ik vernam dat er geen asbest in de platen zat. De schade was anders niet te overzien geweest, doordat het volledige, grote dakbeschot van de bungalow uit die platen bestond. Door de brand zouden die deeltjes zich door de woning verspreid hebben. Jan was ervan overtuigd dat er asbest in zat. Op de tekening van de woning stond dit vermeld als Menuiserite.

Het laboratorium stuurde mij een certificaat en zette het resultaat in het LAVS, het Landelijk Asbestvolgsysteem.

Asbest in de bouw

Asbest werd veel gebruikt, omdat deze vezels bestand zijn tegen hoge temperaturen. Zij maken gebouwen beter bestand tegen brand. Deze vezels werden ook gebruikt in remmaterialen.

Sinds 1989 mag er in Nederland geen asbest meer gebruikt worden in de bouw. Een totaal verbod in Nederland was er sinds juni 1993. Op het kadaster zie je het bouwjaar van de woning.

De eerste betalingen

Jan had de dag na de brand 's ochtends per e-mail gevraagd om de huur terug te storten. Ik kon niet begrijpen dat dit zijn grootste zorg was op dat moment. Waarom hadden zij deze keer de huur al de maand tevoren betaald? Dat hadden zij nog geen enkele keer gedaan.

De verzekering betaalt de huurderving. In mijn geval betaalde de verzekering zeven maanden uit. Ik vond dit wel een lange duur voor zo'n kleine reparatie. Toch had die huurderving een periode van wel negen maanden moeten dekken, om in overeenstemming te zijn met de realiteit. Waarom duurde het bij deze brand vele maanden langer dan gewoonlijk?

De tweede week van december verzocht Jan mij om de houten schutting die hij geplaatst had, over te kopen. Als ik dit niet zou doen, zou hij de schutting demonteren en meenemen. Ik betaalde. Het was toen wel duidelijk dat Jan en Mia niet zouden terugkeren naar Zuiderstad.

De volgende betaling

De derde week van december stuurde Jan mij een e-mail om hem 6.095 euro te betalen, als minimumbedrag voor de verhuis- en inrichtingskosten ten gevolge van sloop of renovatie van een woning.

Wat was dat? Dergelijke kosten zijn ten laste van de verhuurder. De voorwaarde hiervoor is de onbewoonbaarheid van de woning. Dit betrof niet de verhuiskosten die gedekt zijn door de inboedelverzekering van de huurder.

Ik was verrast. Een reparatie van het dak was nodig, maar van onbewoonbaarheid was geen sprake. Sloop van de woning was nodig geweest als de houten binnenmuren en houten buitenmuren in de fik waren gegaan. Het is ongelofelijk dat de houten binnenmuur van de woonkamer geen vuur heeft gevat, want de allesbrander bevond zich slechts op twee meter van die muur.

Aanwezigheid van asbest had de schade onoverzichtelijk gemaakt.

Isolpro

De bouwheer was gespecialiseerd in hout. Zijn firma verkocht sauna's, tuinhuizen, enzovoort. Hij had de kennis om binnen en buiten de woning veel hout te gebruiken. Dit maakt de woning zeer speciaal en gezellig.

Vroeger rende de bouwheer in zijn blootje van de sauna naar het terras buiten om zijn benen in de vijver te laten bengelen.

Ik had op verzoek van Jan isolatie laten aanbrengen op de zoldervloer. De firma Vaco Interieur liet Steico-vlokken uitspreiden door de firma Isolpro. Deze vlokken zijn in zeer grote mate brandwerend en hebben de brand tegengehouden. De zoldervloer was niet begaanbaar en bestond uit de gipsplaten die het plafond van de woonkamer vormden.

De bouwheer had de kachel laten plaatsen. De schoorsteen was dubbelwandig. Dertig jaar intensief gebruik had geen problemen gegeven.

Nederland-België financieel

Naast de veilige fietspaden en de keurige taal, is het voor Belgen ook financieel aantrekkelijk om een woning in Nederland te kopen. De verkoopprijs is er een flink stuk lager. De overdrachtsbelasting bedraagt in Nederland slechts 2%. In België bedroegen de registratierechten 10%.

De notariskosten zijn lager. In België is notaris een ambt met privileges. In Nederland kan je dit vergelijken met een advocaat. De tijdsduur tussen het tekenen van de compromis en het verlijden van de akte is in Nederland kleiner dan drie maanden.

De belastingdruk in Nederland is lager. Een Belg in Nederland kan een dubbele belastingaangifte indienen en op die manier een som krijgen.

De woonleningen zijn fiscaal meer aftrekbaar in Nederland. Enkele jaren geleden werd dit voordeel wel kleiner.

Nederland-België sociaal

25

In Nederland kan je maar twee jaar werkloosheidsuitkeringen krijgen.

Iedereen krijgt er eenzelfde pensioenbedrag. De pensioenleeftijd is er 67 jaar.

De leeftijd waarop kleuters naar school kunnen gaan, is er hoger dan in België.

De aanduidingen van de onderwijsvormen zijn anders.

Volwassenenonderwijs is veel duurder in Nederland.

Nederland-België verzekering

In Nederland zijn de verzekeringsactiviteiten verdeeld over twee firma's. Er is een firma die grote financiële schade afhandelt. Een andere firma houdt zich bezig met kleine financiële schade en doet ook de commerciële activiteiten. Die firma heeft ook de contacten met de klanten. De commerciële man werkt samen met meerdere maatschappijen.

Een ander verschil heb je bij het afsluiten van een woonlening. Het is in Nederland gebruikelijk om samen te werken met een hypotheekadviseur. Die is onafhankelijk van een bank en neemt werk uit handen van een bankbediende.

Burgerlijke aansprakelijkheid

Ik heb niet alleen een woonhuisverzekering, maar ook een aansprakelijkheidsverzekering. Ik vroeg aan mijn contra-expert om het nodige te doen voor de gevraagde verhuiskosten van Jan op basis van mijn aansprakelijkheidsverzekering. Waarom reageerde hij niet?

Ik vernam van iemand anders dat zoiets niet gedekt is door een aansprakelijkheidsverzekering. Die dekt bijvoorbeeld wel de schade, wanneer er een boom van jouw tuin op de garage van jouw buurman valt.

Mijn advocaat

Vanuit een vakantiewoning in Limburg verstuurde Jan mij een aangetekende brief, waarin hij mij aankondigde dat hij mij voor de rechtbank zou dagen in kortgeding om de betaling van de 6.095 euro te eisen. Aangezien het om een minimumbedrag ging, kon hierover geen discussie bestaan volgens Jan. De rest van het bedrag zou hij dan later wel eisen.

De aankondiging van dit kortgeding duwde mij in de handen van een advocaat.

Eén keer toegang

Het eerste wat mijn advocaat deed, was een e-mail versturen aan Jan om toegang tot de woning te verschaffen aan mijn contra-expert. Jan had enkele maanden voor de brand de sloten vervangen en weigerde mij een sleutel te geven. Iedere keer dat mijn contra-expert zou langskomen, was het van "Oeps, ik ben mijn sleutel vergeten." Die e-mail zorgde ervoor dat wij op 13 januari de woning in konden. Jan en de schade-expert waren ook aanwezig.

Geen finale kwijting

Na een vergeefse rondvraag bij een vijftal personen, vroeg mijn advocaat aan mijn contra-expert: "Is de woning onbewoonbaar?" Die antwoordde aan de telefoon dat dit het geval was. Mijn advocaat stuurde mij een e-mail: "Als zelfs uw eigen expert zegt dat de woning onbewoonbaar is, hoe kan u dan het tegendeel volhouden?".

Hij stuurde met de instemming van mijn vrouw en mij een voorstel naar Jan en Mia dat wij 6.095 zouden betalen en dat daarna beide partijen elkaar over en weer finale kwijting zouden verlenen. Dit betekende dat zij achteraf geen bijkomende bedragen zouden eisen. Jan weigerde. Toch betaalden mijn vrouw en ik de 6.095 euro. Het kortgeding was afgewend.

Rechten en weren

Als je een bedrag betaalt omdat de wederpartij dreigende taal spreekt en je op dat ogenblik je gelijk niet kan bewijzen, is het nuttig om in de mail waarin je de betaling aankondigt te schrijven: 'Met behoud van rechten en weren.' Zo heb je later de mogelijkheid om de betaalde som terug te eisen.

Jan had ruzie met de buren. Hun hond kwam iedere keer naar hem toegelopen tot aan de draad en blafte dan agressief. Hij had een boek gekocht met rechtspraak in verband met dieren. Daarin stond hoe vaak een hond mag blaffen.

Soms wordt in een huurovereenkomst bij verhuurders slechts één persoon van een koppel vermeld. Het is beter beide partners met hun gegevens te vermelden.

Extra schadevergoeding

Deed die weigering van de finale kwijting erge dingen vermoeden? Via een uittreksel, gekregen via de website van de Kamer van Koophandel (KvK), vernam ik dat er op het adres van mijn woning in Zuiderstad drie firma's gevestigd waren: het advocatenkantoor van Jan, de derdengeldenrekening van het advocatenkantoor van Jan, en de kledinghandel van Mia, waarmee zij de markten deed.

In de huurovereenkomst stond echter klaar en duidelijk vermeld dat de woning alleen mocht gebruikt worden als woonruimte.

Eigenaardig

Het is vreemd dat het archief van het advocatenkantoor zich zomaar in de garage bevond, zonder maatregelen in verband met inbraak of brand. Mijns inziens zijn er voorschriften waaraan een advocatenarchief moet voldoen. Ken jij nog een advocaat die zijn klanten ontvangt in een garage tussen een archief?

Aimé is rechter en vennoot van Jan bij Derdengeldenrekening Advocatenkantoor Jan. Zij verhuisden samen van de ene provincie naar de andere in Nederland. Wie was de leider? Aimé heeft immers advocatenkantoren opgericht. Zijn vrouw was ook professor in de rechten.

Wat nog?

Hoeveel geld wilden zij mij doen betalen als schade voor hun firma's? Jan schreef in een e-mail dat hij overwoog om, naast de forfaitaire vergoeding, ook een (voorschot op) schadevergoeding te vorderen in verband met, onder anderen, inkomstenderving. Hij voegde eraan toe dat de kosten van een dergelijke procedure ook voor mijn rekening zouden komen.

Adres behouden

35

Een jaar na de brand vond je via Google nog steeds op 10 plaatsen het adres in Zuiderstad als locatie voor Advocatenkantoor Jan.

Bij de Kamer van Koophandel bleef mijn woning in Zuiderstad nog lange tijd vermeld als locatie voor de stichting Derdengeldenrekening Advocatenkantoor Jan. Toen mijn advocaat per e-mail vroeg om dit onmiddellijk te veranderen, weigerde Jan eerst. De volgende dag zou er toch een ander adres vermeld worden.

Waarom was dit allemaal zo belangrijk?

Jan had een nieuwe brievenbus geplaatst. Ik had ook na het vertrek van Jan en Mia geen sleutels. De grote, staande brievenbus was niet meer te bespeuren.

Bevoegde persoon

Ik bleef aandringen dat mijn advocaat de juiste persoon zou vinden die bevoegd is om officieel te verklaren dat een woning al dan niet onbewoonbaar was. Mijn advocaat kwam in contact met de integraal handhaver bouwen, afdeling omgeving en economie, team vergunningen en handhaving van de gemeente Ginderbinnen. Die verklaarde per e-mail dat onbewoonbaarheid van een woning slechts zelden voorkomt en dat daar hier absoluut geen sprake van was.

Einde huurovereenkomst

37

Ik ontving dan een aangetekende brief van Jan. Hij ging over tot een buitengerechtelijke ontbinding van de huurovereenkomst wegens onbewoonbaarheid van de woning. Waarom sprak Jan niet van een opzegging? Dat is geen toeval. Jan en Mia moeten huurders zijn opdat zij aanspraak kunnen maken op de verhuis- en inrichtingskosten ten gevolge van sloop of renovatie van een woning.

Mijn advocaat stuurde hem de e-mail waarin de bevoegde persoon verklaarde dat de woning niet onbewoonbaar was. Jan reageerde hier niet op. Ook niet wanneer mijn advocaat bleef aandringen.

Sleutels

Wanneer de huurder een redelijke wijziging in het huurcontract niet accepteert, heeft de verhuurder het recht de huurovereenkomst te beëindigen. Het conflict mag alleen niet over de huurprijs gaan. Voor gratis juridisch advies kan je terecht bij het Juridisch Loket in jouw stad.

Na de brief over het einde van de huurovereenkomst organiseerde mijn makelaar een afspraak met Jan, mij en hemzelf. Het was de bedoeling om een inspectie van de woning te doen en de sleutels te overhandigen. Jan liet weten dat hij niet aanwezig kon zijn op die afspraak en regelde een afspraak met de makelaar zonder mij. Van een eindinspectie was geen sprake meer. De sleutels zou hij aan de makelaar afgeven. Dit zou betekenen dat mijn vrouw en ik ons dan moesten neerleggen bij de buitengerechtelijke ontbinding van de huurovereenkomst. Op het nippertje kon ik vermijden dat de overdracht van sleutels op deze manier zou gebeuren.

De offertes

Ik kreeg telefoon van mijn contra-expert. Hij had twee offertes voor de reparatie van de woning. De eerste was van firma Arendse. Dat was de goedkoopste. De offerte van firma Buizerdse kon hij niet vinden, deelde hij mee. Ik antwoordde dat ik ook de tweede offerte wenste te ontvangen.

Daarna kreeg ik een e-mail, met alleen de offerte van de firma Arendse. Ik stuurde een e-mail terug waarin ik uitdrukkelijk vroeg om ook de offerte van firma Buizerdse te mogen ontvangen. Die kreeg ik twee dagen later. Ondertussen had ik nog steeds geen sleutels van de woning. Ik kon personen de woning niet binnenlaten om de reparatiewerken uit te voeren.

Ongeldige offertes

Beide offertes waren een maand geldig. Die maand was verstreken. Ook maakte ik mij grote zorgen over de toestand van de woning. Op de dag van de vaststellingen hadden mijn contra-expert en ik vastgesteld dat het binnenregende en zeer koud was.

Een grote plas water stond in de woonkamer. De thermometer, die ik in de woonkamer geplaatst had, gaf een temperatuur van zes graden aan. Het was ondertussen april en ik maakte mij grote zorgen over hoe de woning van binnen zou zijn. Een vochtige omgeving kon niet anders dan slecht zijn voor de houten binnenmuren. Het binnengesijpelde water kon niet anders dan slecht zijn voor de kunststofvloer van de woonkamer. Er lagen geen keramische tegels vanwege de vloerverwarming.

Schade

Dat Jan en Mia zoveel mogelijk schade wilden aanrichten werd duidelijk toen wij een brief ontvingen, waarin werd medegedeeld dat de elektriciteit zou afgesloten worden.

Ik werd bijna te laat op de hoogte gesteld om die afsluiting te voorkomen. De informatie kwam per post, maar doordat ik niet in Nederland woon maar in België, was de brief langer onderweg. Die brief kwam bovendien van een andere firma dan de leverancier van de elektriciteit. Had mijn advocaat dit niet gemerkt, was ik te laat geweest om de juiste firma te contacteren.

In mei zou ik ook merken dat de hoofdkraan van het aardgas nog steeds dicht stond. Ik wist dit pas, toen de technieker langskwam voor het onderhoud van de aardgasverwarming.

Mijn tweede contra-expert

Ik stuurde een aangetekende brief om om een andere contra-expert te vragen. Ik stelde dat dit ook iemand van hetzelfde bureau mocht zijn. Als redenen gaf ik op, dat de twee offertes werden achtergehouden en hij mij eerder niet de offerte van firma Buizerdse wilde bezorgen.

Een week later belde hij mij op en vertelde doodleuk dat die brief bij hem lag. Daarna belde ik iedere dag naar het onthaal van dat bureau met de vraag om gehoor te geven aan mijn brief. Uiteindelijk belde mijn tweede contra-expert mij op en deelde mij mee dat hij voortaan de zaak zou overnemen.

Uitboren

De originele sloten werden teruggeplaatst door Jan. Begin mei waren mijn tweede contra-expert en ik in Zuiderstad. Wij konden de woning niet binnen. Jan had van onze komst vernomen en opnieuw de sloten verwisseld. Dat was droevig, want mijn tweede contra-expert was toen al twee uur onderweg geweest met de auto. Hij gaf aan de firma Buizerdse de opdracht om de sloten uit te boren. Die firma deed de reparaties en daarvoor betaalde ik hen.

Meegenomen goederen

44

In juni nam ik contact op met een makelaar om nieuwe huurders te zoeken. Zij belde mij op voor een zeer kort gesprek.

Omdat zij na een maand nog geen enkel initiatief genomen had, plaatste ik de woning te huur op een website. Ik vond nieuwe huurders en die hebben de huurovereenkomst gestart op 1 september. Er woont nu een zanger met zijn gezin.

Hoe was het mogelijk, dat ik toen pas merkte dat er heel wat goederen niet meer in de woning aanwezig waren? Alle gordijnen en de werkbank met ingebouwde kluis waren weg.

Inspectie

45

Het is aan te raden dat er bij het begin en het einde van de huurovereenkomst een inspectie van de woning is, en dat huurders en verhuurders het inspectieverslag, dat beknopt en handgeschreven mag zijn, ondertekenen. Het is ook aan te raden foto's te nemen. Je kan dit vragen aan de makelaar.

De gordijnen waren eigendom van mijn vrouw en mij. Waren die verloren geweest door de brand, dan was dit niet gedekt geweest door mijn woonhuisverzekering. Ik had daarvoor als eigenaar een inboedelverzekering moeten afsluiten.

Hebben Jan en Mia bewust een inspectie vermeden bij het begin en einde van de huurovereenkomst?

Ondergedoken

Per e-mail verzocht mijn advocaat Jan en Mia verscheidene keren om de verdwenen goederen terug te geven. Daarop werd niet gereageerd. Het was ook niet mogelijk om Jan en Mia per post te bereiken. Na een verblijf in een vakantiewoning gedurende vele weken hadden zij voor hun woning een huurovereenkomst afgesloten met een duur van slechts twee maanden en woonden daar niet meer. Wat was daar de bedoeling van?

Jan heeft voor zijn domicilie de indicatie 'geheimhouding'. Zelfs aan de politie wordt zijn adres niet meegedeeld. Dat het gepland was om onder te duiken verklaart dat zij beiden van telecom-operator veranderd waren en een ander mobiel nummer hadden.

Waren de goederen per vergissing meegenomen? Ik denk het niet. Ook twee grote, zware arduinen bloembakken waren weg, evenals twee barkrukken aan de keukentoog, en de kast op het terras aan de vijver.

Attest schoorsteenvegen

47

Ik las naar aanleiding van de nieuwe huur de huurovereenkomst met Jan en Mia. Daarin stond niet vermeld dat de schoorsteen van de allesbrander door de huurder minstens eenmaal per jaar moet gereinigd worden en dat de huurders daarvoor een schriftelijk bewijs moeten kunnen tonen. Het is gebruikelijk om zoiets te vermelden in de huurovereenkomst.

Op internet vind je heel wat informatie die de verplichting voor het schoorsteenvegen bij de huurder legt. De brandonderzoeker heeft aan Jan en Mia niet gevraagd naar zo'n bewijs. Toen ik hem daarop wees, antwoordde hij dat de oorzaak van de brand hier niets mee te maken had. In zijn verslag staat niets vermeld over het vegen van de schoorsteen.

Het expertiserapport

In oktober kreeg ik een e-mail van de commerciële verzekeringsman, omdat hij nog wachtte op de facturen van de firma Buizerdse. Hij stuurde mij daarom het expertiserapport voor de uitbetalingen door de verzekering. Dit werd opgesteld door de financiële verzekeringsman. In normale omstandigheden krijg ik geen inzage in dit rapport.

In dit rapport stond dat de verzekering 35.000 euro zou uitbetalen aan Jan voor de reparaties. Dat is geld waar mijn vrouw en ik recht op hadden, niet Jan en Mia. Was dit een schrijffout?

Daar stonden naam en rekeningnummer van Jan, gevolgd door het zinnetje 'Gelieve deze gegevens te controleren op hun juistheid'. Ik kon zonder veel moeilijkheden verkrijgen dat mijn naam en rekeningnummer werden vermeld. Ik bezorgde de facturen en betalingsbewijzen.

Hoofdstuk 2

De dagvaarding

Het doel

Ik wenste de teruggave van de gordijnen en de kluis, de formele bepaling van het einde van de huurovereenkomst en de terugbetaling van die 6.095 euro.

Dit soort zaken worden behandeld door de kantonrechtbank, maar die is niet bevoegd om te oordelen of de brand al dan niet-gesticht is. Voor deze rechtbank ben je niet verplicht om een advocaat voor jou te laten pleiten. Ik zal zelf het woord voeren. Daarom staat voor mij in de dagvaarding vermeld: 'handelend in persoon'. Als domicilie moet ik wel het adres van een advocaat opgeven, omdat de rechtbank geen e-mails of brieven rechtstreeks naar mij stuurt.

Als ik de bodemprocedure zou winnen, kan ik verwachten dat de wederpartij in hoger beroep zal gaan. Advocaat Jan kan immers zelf pleiten. Het kost hem niets om de zaak lang te rekken.

De teruggave

Ik kan de teruggave van de meegenomen gordijnen en kluis niet bewerkstelligen via een kortgeding, maar wel via een bodemprocedure. Bij een kortgeding heb je binnen enkele dagen een uitspraak van de rechtbank, maar je moet zonder twijfel kunnen aantonen dat je recht hebt op wat je vraagt. Dit is bij mij niet het geval. Er is bij een kortgeding geen tijd voor uitleg of discussie.

Ik kan ook niet aantonen dat die goederen in de woning aanwezig waren bij het begin van de huurovereenkomst met Jan en Mia, omdat zij onverwachts niet aanwezig waren op de afspraak bij het verhuurbureau. Zij hebben daar de huurovereenkomst de dag voor de afspraak ondertekend, zonder dat mijn vrouw en ik hiervan op de hoogte werden gesteld.

Formeel einde

Jan en Mia hebben de huurovereenkomst niet opgezegd. Zij moeten immers huurders zijn, om aanspraak te kunnen maken op de verhuis- en inrichtingskosten ten gevolge van sloop of renovatie van de woning.

Jan heeft in een aangetekende brief geschreven dat de huurovereenkomst met die brief beëindigd is, en dat hij en Mia niet terugkomen naar Zuiderstad.

Zij zijn op de hoogte dat de huurovereenkomst met de nieuwe huurders gestart is en dat die er al van in de zomer wonen. Als de rechter het volledige einde van de huurovereenkomst formeel bepaalt, kunnen Jan en Mia nu geen overige vorderingen eisen.

Die 6.095 euro

54

Voor de verhuis- en inrichtingskosten hebben mijn vrouw en ik al 6.095 euro betaald, het minimumbedrag. Jan heeft geschreven dat dit geen algemene compensatie is, maar dat hij ook overige schadevergoeding zal vorderen.

Ik wens die 6.095 euro terug te krijgen. Sinds maart heb ik een e-mail van de bevoegde persoon, waarin die verklaart dat de woning niet onbewoonbaar was.

Vastgoed Belang

Voor iemand die in België woont en een woning heeft in Nederland, is hiervoor geen rechtsbijstandsverzekering mogelijk, noch in Nederland, noch in België. Dit werd bevestigd door een Netwerkpartner Vastgoed Belang.

Vastgoed Belang is een Nederlandse vereniging, die de belangen van particuliere verhuurders behartigt. In België heb je de Eigenaarsbond en het Koninklijk Algemeen Eigenaarsverbond.

De consumentenbond

Ik was niet op de hoogte van het bestaan van de Consumentenbond. Die hebben de community Woning en Huishouden. Je kan aan hen vragen stellen. Zij geven ook juridisch advies.

Dit was nuttig geweest, omdat de huurwetgeving in België sterk verschilt van de huurwetgeving in Nederland. Bovendien heb je in Nederland sinds enkele jaren de Nieuwe huurwet in plaats van de Oude huurwet. Ik ken niet eens de verschillen.

In België is Test-Aankoop de gelijkaardige vereniging.

Strikte regels

Een dagvaarding moet opgesteld zijn volgens strikte regels. Zo moet er een vaste indeling gevolgd worden. Er zijn veel vormvereisten.

Er zijn verschillende blokken, die met de juiste benaming op de juiste plaats moeten komen.

Je moet de juiste termen gebruiken: een bijlage wordt 'productie' genoemd. Die wordt voorafgegaan door een pagina met daarop alleen het woord 'productie' en een volgnummer.

De betekening

Aangezien Jan en Mia niet meer samenwonen, worden zij afzonderlijk gedagvaard. Een deurwaarder beschikt over de mogelijkheid om een dagvaarding tot bij Jan te krijgen. Op de dagvaarding staat dan vermeld: 'op een mij bekend geheim adres'.

Nadat de deurwaarder aan beiden de dagvaardingen betekend had, heeft hij mij die exemplaren bezorgd. Ik weet dus zeer precies wat overhandigd is.

De wederpartijen kunnen schriftelijk reageren, of voor de rechtbank. Op die eerste rolzitting mag ik niet aanwezig zijn.

De zitting

Op een zitting van de kantonrechtbank moet je op tijd zijn. Bij het begin neemt de voorzitter alle voorziene dossiers ter hand. Zijn alle nodige personen aanwezig, dan wordt de zaak op de rol geplaatst. Voer je zelf het woord, dan kom je bij de laatsten aan de beurt. De voorzitter verleent een service aan degenen die zich laten vertegenwoordigen door een advocaat door hen eerst aan de beurt te laten.

Het is verstandig om zelf ook aanwezig te zijn, omdat jijzelf de beste dossierkennis hebt. De voorzitter kan ook aan jou persoonlijk een toelichting vragen. Je zit vóór je advocaat die achter de bank staat.

Advocatenkantoor

Wees niet verrast, als je je eigen advocaat niet opmerkt. Vaak is slechts één advocaat van een advocatenkantoor aanwezig. Die pleit dan ook in de zaken van zijn collega's van hetzelfde kantoor. Het wordt helemaal bizar als je twee advocaten van hetzelfde kantoor tegen mekaar ziet pleiten.

Wordt er een bijkomend document gevraagd, dan plant de rechtbank een volgende zitting. De persoon aan wie dat gevraagd wordt, moet dat document niet alleen bezorgen aan de rechtbank, maar ook aan de wederpartij. Die moet dat op tijd ontvangen, zodat die zich kan beraden.

Vrouwe Justitia in verval

Het ontsporen van Jan, als advocaat, bevestigt het bestaansrecht van de organisatie Vrouwe Justitia in Verval.

Die organisatie heeft tot doelstelling de misstanden in de civiele rechtspraak aan de kaak te stellen.

Op hun website lees je ook over het ontkennen van de rechtsgeldige beëindiging van de huurovereenkomst.

Soms is de repliek van de wederpartij compleet verzonnen.

Over de Nederlandse Orde van Advocaten lees ik: 'De slager keurt zijn eigen vlees'.

Hoofdstuk 3.

Strafrecht

Opzet

Er zijn zeer sterke aanwijzingen dat Jan en Mia de brand in de bungalow in Zuiderstad opzettelijk hebben aangestoken en dat meerdere personen van meerdere firma's aan de uitvoering van hun overige plannen hebben meegewerkt.

Het is verdacht dat de garage leeg was op de dag van de brand. Het archief bevond zich toen al in een bunker in Markgraven.

In de woning was er die dag ook de voorraad van de kledinghandel van Mia. Het is verdacht dat de schade-expert de volledige voorraad kleding heeft opgekocht. Dit is geen normale werkwijze.

Dubbele vergoeding

Het vreemde is dat het voor Jan en Mia niet volstaat dat grote sommen betaald worden door mijn vrouw en mij, maar dat zij voor diezelfde zaken een tweede maal betaald willen worden, namelijk door hun verzekering.

De contra-expert van Jan en Mia verplichtte mij op de dag van de vaststellingen het terrein te verlaten, toen de brandonderzoeker en de brandweer ter plaatse waren. Ik moest zes uur op straat wachten. Het is verdacht dat de huurders toen al een contra-expert ter plaatse hadden en dat ik niet mocht horen wat er werd afgesproken.

Jan denkt dat hij zich alles kan permitteren, omdat hij een geheim adres heeft.

Hij gebruikt nu het adres van een ander advocatenkantoor. Hij behoort echter niet tot die groep van advocaten.

De rust

Op de dag van de brand hebben Jan en Mia mijn vrouw of mij niet verwittigd van de brand. Jan maakte tijdens de bluswerken een wandeling met zijn hond.

Veel indruk heeft de brand van zondagnamiddag niet gemaakt op Jan en Mia, want op maandagvoormiddag stuurden zij al een e-mail naar mij om de terugbetaling van de huur van december te vorderen.

Jan was niet ter plaatse die woensdag, toen alle overige betrokkenen daar waren voor de vaststellingen. Had hij zijn zaken al geregeld?

Afdwingen

Jan wist dat hij die 6.095 euro als minimumbedrag kon afdwingen in kortgeding. Dit zou hem niets kosten. Als advocaat kon hij zelf pleiten. Als hij deze zaak zou winnen, waren niet alleen de kosten van een advocaat, maar ook de gerechtskosten voor mij. Hij wist dat ik niet tijdig aan een document zou geraken om mijn gelijk aan te tonen.

Een uitspraak in kortgeding in zijn voordeel zou hem in een sterke positie plaatsen tijdens de latere bodemprocedure.

Kwade bedoelingen

Dat Jan en Mia ervoor hebben gezorgd dat de elektriciteit zou worden afgesloten, duidt op kwade bedoelingen.

Dit bleek ook uit de mededeling dat zij de huur niet gewoon opzegden, maar dat zij overgingen tot een buitengerechtelijke ontbinding van de huurovereenkomst wegens de onbewoonbaarheid van de woning. Er was hier echter geen sprake van, omdat de deskundige van de gemeente Ginderbinnen verklaarde dat de woning niet onbewoonbaar was.

Het is ook zeer vreemd dat ik de offerte voor de reparatie van de brandschade pas ontving in de maand april. De brand was begin december.

Mijn vrouw en ik hebben geluk gehad dat zoldervloerisolatie met vlokken werd aangebracht. Die werkt in zeer grote mate brandvertragend. Zonder dit was de woning volledig afgebrand.

Begin

Het zou mij niet verwonderen als Jan en Mia hun plannen al klaar hadden op het ogenblik dat zij mijn woning begonnen te huren.

De kledingzaak werd pas opgericht het jaar voor de brand.

Zijn 'kantoor' bestond uit een keukentafel en drie gewone stoelen te midden van open rekken vol ordners. Boven het tafeltje hing een lamp zonder lampenkap. Mooi. De resterende ruimte in de garage was klein omdat de bouwheer er een ruime sauna in geplaatst had.

Een alleen werkende advocaat moet toch een cliënteel opbouwen en bekendheid in de streek verwerven. Is het dan normaal om plots driehonderd kilometer te verhuizen?

Hij vermeed tweemaal een inspectierapport en betaalde de huurwaarborg niet.

Bijleren

Via het expertiserapport was alles in gereedheid gebracht om de
35.000 euro van de verzekering, waar mijn vrouw en ik recht
op hadden, uit te keren aan Jan.

De politie voert geen strafrechtelijk onderzoek, omdat de
brandweer het brandonderzoek heeft afgesloten. Dit is een in-
schattingsfout. De brandweer bekijkt enkel of zij iets kan bijleren.
Dat was bij de brand in onze bungalow het geval. Zij stelde vast,
dat bij dit type woning de zoldervloer op sommige gedeelten niet
begaanbaar is: je zou erdoor zakken. Het was de eerste maal dat
de brandweer de isolerende vlokken zag.

Ook de veiligheidsregio heeft deze brand besproken op een
vergadering. Zij volgden het standpunt van de politie.

Mocht uit de civiele zaak blijken dat een strafrechtelijk onderzoek gewenst is, is dit alsnog mogelijk.

Taalgebruik

<table>
<tr><td>Nederland</td><td>Vlaanderen</td></tr>
<tr><td>Dakbeschot</td><td>onderdak</td></tr>
<tr><td>Serre</td><td>veranda</td></tr>
<tr><td>Woonkamer</td><td>living</td></tr>
<tr><td>Acceptgiro</td><td>overschrijving</td></tr>
<tr><td>Automatische incasso</td><td>domiciliëring</td></tr>
<tr><td>Overdrachtsbelasting</td><td>registratierechten</td></tr>
<tr><td>Twee-onder-één-kap</td><td>tweewoonst</td></tr>
<tr><td>Laboratorium</td><td>labo</td></tr>
<tr><td>Verhuizing</td><td>verhuis</td></tr>
<tr><td>Schoorsteen</td><td>schouw</td></tr>
<tr><td>Boeiboord</td><td>dakgoot</td></tr>
<tr><td>Kantonrechtbank</td><td>Vredegerecht</td></tr>
<tr><td>Wederpartij</td><td>tegenpartij</td></tr>
<tr><td>'s ochtends</td><td>'s voormiddags</td></tr>
<tr><td>De volgende dag</td><td>de dag nadien</td></tr>
<tr><td>Vanbinnen</td><td>binnenin</td></tr>
<tr><td>Dichten</td><td>dicht maken</td></tr>
<tr><td>Mededelen</td><td>meedelen</td></tr>
<tr><td>Visvoer</td><td>viseten</td></tr>
<tr><td>Afvalbrengpunt</td><td>containerpark</td></tr>
<tr><td>Een kop koffie</td><td>een tas koffie</td></tr>
<tr><td>Zin in</td><td>goesting voor</td></tr>
<tr><td>Pagina</td><td>bladzijde</td></tr>
<tr><td>Doei</td><td>tot ziens</td></tr>
</table>

Omkadering

Volgend boek

Wat voorafging aan Brand in Zuiderstad en wat erop volgde kan je lezen in Ik denk dat ik zeker ben.

Ik denk dat ik zeker ben
Uitgeverij novum publishing
ISBN: 978-3-99131-777-7

De auteur

Walter Vandeperre is geboren in 1958 in Geel,
België, en opgeleid tot burgerlijk ingenieur. Hij was
lange tijd werkzaam als ingenieur in de kwaliteits-
zorg. Later maakte hij als IT'er de ondergang van de
bank Dexia mee. Naast zijn werk verzet Vandeperre
graag zijn zinnen in de tuin.

In 2014 kochten zijn vrouw en hij een woning in
Zeeuws-Vlaanderen. Daar vond op 1 december 2019
een schoorsteenbrand plaats. Over de aard van de
brand ontstonden al direct grote twijfels. Door deze
gebeurtenis belandde Vandeperre in een onverkwik-
kelijk juridisch gevecht. Tijdens de procedure voor
de kantonrechtbank besloot hij zelf het woord te
voeren. Zijn ervaringen legde hij vast in zijn debuut
Brand in Zuiderstad.

Walter Vandeperre is gehuwd en heeft twee zonen.